41
Lb 2019.

# AUX AMIS DE LA PAIX ET DE LA CONSTITUTION DE L'AN III.

RÉFLEXIONS *sur le Serment de Haine à la Royauté, &c. par le Citoyen* FRANÇOIS VALRIVIÈRE.

*La Paix, l'aimable Paix fait bénir son Empire.*
J. B. ROUSSEAU.

Il est bien difficile, après les secousses d'une grande révolution, que ceux qui en ont éprouvé les contre-coups conservent la justesse & l'impartialité d'esprit nécessaires pour juger sainement d'une question pratique en matière de droit social. Une reluctance habituelle les empêche, comme par instinct, de se mettre en harmonie avec les principes les plus justes. La prévention agit sur leur ame comme l'hatmosphère sur le corps d'une manière insensible; au lieu de motifs déterminans, ce sont les affections qui leur en fervent; la marche de la raison pour eux est lente, celle du sentiment toujours rapide; ils sont emportés au-delà du but avant d'avoir délibéré sur ce qu'ils auraient dû faire pour le distinguer & l'atteindre.

A la première annonce d'un serment, & sur-tout de *haine* à la royauté, tous les préjugés d'éducation & d'état (1) se sont révoltés chez les prêtres insermentés. Au lieu d'un sens particulier & restreint au territoire français, ils se sont gratuitement obstinés à ne voir dans cette expression de *haine*, qu'un sens absolu & général, contraire, disent-ils, à la morale évangélique. (2) Mais

---

(1) Sur l'adage, *per me reges regnant*, &c. les prêtres avaient établi, comme un dogme fondamental, que les rois étaient de droit divin; qu'ils ne tenaient leur autorité que de Dieu & n'en devaient compte qu'à Dieu seul. Était-il possible de consacrer le despotisme d'une manière plus rampante & plus absurde? Sans doute toutes les autorités, la monarchique comme les autres, & pas plus que les autres, viennent de Dieu comme source éternelle de toute justice & de l'ordre social, mais elles doivent être exercées, ainsi qu'elles ont été instituées pour le bien & l'avantage des sujets : la volonté & la raison générale doivent toujours en être le régulateur, de même qu'elles en sont le fondement essentiel.

(2) Si on ne parle ici que de la morale évangélique, c'est que les prêtres sont généralement convenus que la foi n'est pas du tout compromise.

pour diffiper les nuages dont ils voudraient envelopper cette matière, il fuffit, en la foumettant au flambeau de l'analyfe, de déterminer le véritable fens de la loi du 19 fructidor & du ferment qu'elle prefcrit.

Il eft de principe parmi tous les publiciftes que pour bien juger du fens d'une loi, il faut bien faifir l'efprit du légiflateur.

L'efprit du légiflateur fe démontre d'après fes motifs & fon intérêt.

Or quels ont été les motifs, quel a été l'intérêt des Légiflateurs français, quand ils ont exigé de tous les fonctionnaires publics, il y a près de deux ans, & récemment des miniftres de tous les cultes, le ferment de *haine à la royauté, &c.?*

*Leurs motifs* ont été évidemment d'attacher par les liens de la confcience, à la Conftitution de l'an 3 & au Gouvernement républicain, les individus qui, inconteftament, influent le plus dans l'opinion du peuple, & par voie de fuite le peuple lui-même.

*Leur intérêt* a été d'affermir de plus en plus la Conftitution & de la garantir de tous les mouvemens, de tous les efforts vifibles ou cachés & de tous les fyftèmes qui pourraient, en la fappant, préparer le *retour* de la royauté.

Voilà le feul & véritable efprit des Législateurs ; le sens de la loi & du serment qui ne porte que contre le *retour* de la royauté, comme destructive de l'ordre social & du bonheur des Français, est conséquemment *odieuse*.

Peu importe que l'expression *haine à la royauté* semble au premier coup-d'œil générale : on ne juge pas du sens d'une loi par un seul mot extrait & isolé ; ce n'est que par le contexte de tous les termes & toute la teneur de la loi.

Le serment porté par celle du 19 fructidor est composé de deux propositions très-distinctement contrastées ; la première, *je jure haine à la royauté & à l'anarchie....* se lie & se coordonne parfaitement à la seconde par la conjonction *.... & .... attachement & fidélité à la République & à la Constitution de l'an 3....* De manière que le sentiment de haine, énoncé dans la première, se mesure & se restreint entièrement sur les sentimens exprimés dans la seconde ; c'est-à-dire que selon toute la rigueur du sens & la force des mots, on n'est tenu à haïr la royauté qu'autant qu'il le faut pour être sincèrement attaché & fidèle à la République & à la Constitution ; ... & pour cela il suffit de haïr intimement tout ce qui leur est contraire & opposé, tous les efforts de leurs ennemis extérieurs & intérieurs tendans à opérer le *re-*

tour de la royauté, sauf à avoir pour les gouvernemens monarchiques en général (1) les mêmes sentimens que la Constitution & ses défenseurs, qui, loin de les haïr, ont cimenté avec la plupart des traités de paix & de commerce, & offrent à tous les mêmes dispositions, fondées sur la réciprocité du droit des gens.

D'ailleurs les auteurs de la loi qui prescrit ce serment ne sont censés (dans toute la pureté des principes démocratiques) proposer la royauté comme un objet digne de haine qu'autant qu'elle est subversive des droits du peuple. Or il ne répugne pas qu'un peuple, *en général*, usant de ses droits naturels & procédant à la confection de son pacte social confie l'exercice de sa souveraineté à un seul plutôt qu'à plusieurs mandataires; seulement après le choix constitutionnellement fait & avéré d'un gouvernement, démocratique par exemple, l'action & l'influence usurpatrice d'un gou-

---

(1) Le système de la propagande n'est jamais entré dans les principes constitutionnels de la République française; & si ses défenseurs l'ont mis en usage, ça n'a été que comme une arme défensive : la Constitution, comme le représentant Perez l'a très-judicieusement rappelé sur un discours de Guay-Vernon, a solennellement déclaré qu'elle ne s'immisçait pas dans les gouvernemens étrangers.

vernement contraire, tel que la *royauté*, répugne comme subversive des droits du peuple ainsi que des principes de l'ordre & de la justice.

En dernière analyse, il est de la nature du cœur humain de n'aimer & de ne haïr les objets que selon qu'ils lui sont favorables ou contraires... Comment les Législateurs se sont-ils représenté le gouvernement monarchique comme contraire à l'État & au bonheur de la France? Ce n'est ni pour le passé ni pour le présent : sous ce double rapport, ce qui n'existe pas ne saurait être contraire; ça ne peut donc être qu'à l'avenir en cas de *retour*, c'est-à-dire, dans un sens particulier & relatif.

Il est donc démontré que d'après le sens naturel du serment précité, la haine ne porte pas contre la *royauté en général*, mais seulement contre tous ses rapports particuliers à la Constitution, & pour le dire encore un coup, contre les intrigues & les efforts de ses partisans, de ses agens intérieurs & extérieurs, tendans à opérer sa résurrection & son *retour* en *France*.

Reste donc à savoir s'il est contraire à la morale évangélique d'affirmer par serment que le *retour* de la royauté en France est un objet digne de *haine*?

Balancer sur l'affirmative serait un doute

injurieux aux principes de l'évangile, essentiellement justes, pacifiques & bienfaisans..... Tout honnête-homme, à plus forte raison un prêtre, doit toujours sentir intérieurement & témoigner hautement à l'extérieur, s'il le faut, une haine souveraine contre toutes les causes de trouble & de ruine pour l'ordre social.

Qu'est-il besoin de faire l'application du principe contre la royauté?... Pure chimère, n'existant plus que dans les affections impuissantes d'un parti qui, pour son malheur, ne peut l'oublier, & cherche toujours à communiquer au peuple ses funestes erreurs; elle n'est & ne peut être pour tout esprit droit, pour toute ame sensible qu'une perspective exécrable, puisqu'elle ne saurait reparaître parmi nous que par des convulsions affreuses par la guerre civile, en nous faisant remonter en sens contraire le torrent de sang & de crimes que nous avons si long-temps parcouru.

A des raisons si graves & si frappantes, qu'ont opposé les prêtres insermentés? Quelques mots mal interprêtés.

L'évangile, disent-ils, leur défend de haïr rien de ce qui est bon,.... de le haïr en soi-même, c'est-à-dire, d'une manière générale & absolue..... D'accord..... Dans les conséquences mauvaises & abusives....

on le nie.... Quoi de plus aimable & de plus ravissant que la religion en elle-même ? quoi de plus mauvais que tous les abus qu'on peut en faire ? quoi de plus odieux que le fanatisme ?

Ils sont allarmés par ce terme de haine, selon eux, trop général & trop vague... Ils ne le sont pas néanmoins en le voyant dans les livres sacrés, énoncés avec la même généralité : quand, par exemple, dans le pseaume 138 ils disent avec David : « N'ai-je » pas, Seigneur, haï ceux qui vous haïssent ; » j'ai seché d'amertume à leur aspect ; je les » ai haïs d'une haine parfaite ».

Quand ils lisent dans l'évangile « que qui- » conque ne haït pas son père & sa mère & » son frère n'est pas digne d'être le disciple » du Sauveur ». C'est qu'ils savent par principe ou par habitude que ces expressions-là & autres semblables, par conséquent aussi celle du ferment, sont de tours d'idées & de langage naturels à l'esprit, qui, fortement occupé de son objet, y réunit, y aglomère tous les rapports accessoires, toutes les conséquences, au point de ne plus les voir que dans l'objet, lors même qu'il les a principalement en vue. (1)

─────────────

(1) Cette figure est appellée par les grammairiens metonymie ; elle prend la cause pour les effets, le contenant pour le contenu, le principal pour les accessoires, &c.

Tout ce qu'on peut dire, c'est que les prêtres infermentés ont paru et paraissent obstinés à ne vouloir pas envisager la royauté dans ses conséquences désastreuses & meurtrières pour les Français, mais seulement en elle-même, telle qu'ils l'ont vue, & voudraient peut-être, comme on les en accuse, la revoir encore.

Mais quoiqu'il en soit de leurs affections intimes & de leurs arrière-pensées, que je suis bien éloigné de vouloir scruter, ils ne sauraient disconvenir que cette forme de gouvernement ne soit évidemment proscrite de notre sol, même par les décrets éternels.... Les événemens incalculables qui ont préparé, cimenté & confirmé la République française & qui l'ont portée si rapidement, malgré les efforts combinés de l'Europe, à un si haut point de force, de puissance & de gloire, ne devaient-ils pas être depuis long-temps pour tout prêtre impartial le langage de la providence, qui semblait lui dire comme autrefois à *Samuel, cesse de pleurer Saül.*

La soumission à la volonté suprême devant être leur unique boussole au milieu des orages politiques, pourquoi voulaient-ils, semblables aux veuves du Malabar, porter leurs sentimens pour la royauté au-delà du tombeau ?

La plupart, conformément à la loi du 7 vendémiaire fur la police des cultes, avaient déjà reconnu la fouveraineté du Peuple (1) & s'étaient par là rangés au nombre des citoyens & des fujets de la République françaife. De cet acte folennel, auffi libre que glorieux, aux *fentimens d'attachement & de fidélité* pouvait-il y avoir quelque intermédiaire chez des hommes de bonne foi ? Non, fans doute : fans ces rapports caractériftiques du fujet au fouverain, on ne mérite que le nom d'efclave.

Pouvait-il refter aux prêtres infermentés quelque doute fur la néceffité des fentimens *d'attachement & de fidélité ?* En pefant ces paffages de l'évangile, *nul ne peut fervir deux maîtres* (la République par exemple extérieurement & par forme, & la royauté intérieurement & par affection) *car néceffairement il aura de la haine pour l'un & de*

---

(1) Cette propofition « je reconnais que le Peuple » eft le fouverain en France » dans la bouche des prêtres foumiffionnaires, équivaut à cette autre « je reconnais que la fouveraineté en France » eft la propriété du Peuple » ; cette propriété ne pourrait qu'être violée & ufurpée par la royauté :.... toute violation & ufurpation de propriété eft digne de haine ( felon leurs principes ) ; donc, à raifonner du fait & des aveux des prêtres foumiffionnaires, *la royauté* en France eft un objet digne de haine.

*l'amour pour l'autre*:... foyez foumis aux puiffances, non par force, mais en *confcience*.

Le prophète Baruch, parlant au peuple d'Ifraël, captif à Babylone, ne leur difait-il pas au nom de leur Dieu : « Priez pour » la vie de Nabuchodonoz r & de fon fils » Balthafar, afin que leurs jours foient » comme ceux du foleil fur la terre, & » que nous puiffions vivre long-temps à » l'ombre & au fervice de l'un & de l'au- » tre ». *L'attachement & la fidélité* ne peuvent s'exprimer d'une manière plus vraie, plus énergique;... & cependant quel en était l'objet ? deux defpotes, le premier oppreffeur injufte, le fecond, profanateur fameux du culte & des cérémonies d'Ifraël.

Cet exemple ne peut être ignoré des prêtres, non plus que celui des premiers chrétiens leur modèle, des Victor, des Maurice, &c. qui, dans les fonctions militaires & civiles ne refufaient pas les fermens d'ufage aux Néron, aux Maxime, aux Caligula, aux Heliogabale, à cette tourbe de tyrans farouches, fléaux de la chrétienté, qui, fur le déclin de l'empire romain, fe fuccédaient avec la rapidité des météores les plus deftructeurs.

Les faftes de l'hiftoire françaife leur fournifsaient enfin les décifions les plus péremptoires.... Les révolutions qui fubftituèrent la dynaftie Carlovingiene à celle des Mérovingiens, & la Capetiene à celle des Carlovingiens, ne furent elles pas de suite confirmées par l'adhésion du clergé & ses sermens d'attachement & de fidélité ?

Ce n'est donc qu'en résistant aux motifs les plus pressans, pris de la raison, de la morale chrétienne & de l'histoire que les prêtres insermentés ont pu se refuser au serment exigé par la loi du 19 fructidor;... elle leur laissait l'alternative, il est vrai, mais en abandonnant tous simultanément l'exercice public du culte, pour lequel leur zèle & leur goût sont si connus, en prenant le parti de la retraite & de l'isolement, devaient-ils s'exposer aux plus sinistres soupçons ?

Avec des principes purs & paisibles fallait-il se faire accuser de vouloir troubler les consciences, rouvrir (1) les plaies de

_____

(1) Les principes de la morale & de la conscience étant les mêmes pour les laïques comme pour les prêtres, la partie du peuple, qui est jalouse de remplir exactement tous ses devoirs sociaux, sans déroger à ses opinions religieuses, a dû nécessairement tomber dans l'anxiété par le refus que les prêtres insermentés ont fait de prêter le serment de haine à la royauté. Ces derniers n'ont ils pas eu l'air de censurer au nom de la religion tous les citoyens qui, dans toutes les fonctions publiques, ont prêté ce serment comme un cautionnement civique, & ceux qui sont appellés en plus grand nombre encore à l'émettre dans les assemblées primaires ?

l'État & couvrir la cause du royalisme sous les bannières de la religion ?

Au moment où une paix générale, venant couronner les travaux & les vœux des Français, devrait affermir leur triomphe par la réunion de tous les cœurs, devaient-ils fixer sur leur tête tout le poids des anciens troubles & des nouveaux, si par malheur il s'en élevait encore ? faire rejaillir sur tous l'intolérance, les erreurs & les crimes politiques de quelques individus ? se confondre avec les fourbes & les pervers qui, imprimant à leur ministère sacré le sceau de leur corruption, en ont fait un mobile de discorde & d'anarchie.... pour quelques êtres de cette espèce, plus ou moins ressemblans aux *Laum..d*, aux *Bernier*, aux *Brottier*, sycophantes exécrables, qui n'appartiennent au sacerdoce que comme les monstres tiennent à l'espèce humaine, fallait-il se faire juger en *masse*, insociables par instinct, intolérans par principes, intraitables par intérêt, rebelles aux lois par habitude, ennemis de la Constitution par système, conséquemment indignes de vivre sous ses lois & sur son territoire ?

Ah ! ce n'était point la marche de la raison, l'intérêt & les vœux de la religion !

Ils auraient dû plutôt calculer sur les malheurs & les fautes du clergé gallican (1) sur l'exemple de l'Angleterre & du Japon, les maux irréparables, suite d'une démarche précipitée ; ... ils auraient dû sentir que d'après leur mission toute céleste ils doivent toujours chercher à édifier & jamais à détruire, se faire tout à tous, voler spontanément au-devant-de tous les sacrifices, lorsque le précieux dépôt de la foi & de la morale n'est pas compromis.

Enfin ils auraient dû se rappeler que l'hommage le plus éclatant, le plus digne de la morale évangélique, c'est de la représenter telle qu'elle est, non pas dans le cloaque des passions & des préjugés, mais

―――――――――――――――――――――――

(1) Il faudrait être tout-à-fait étranger à l'histoire de la révolution pour ne pas avouer que la ruine du clergé vient en grande partie de lui-même, de la force d'inertie qu'il voulut témérairement opposer au tiers-état, en s'obstinant à ne pas voter par tête selon le droit naturel, mais par corps selon l'étiquete féodale.... La défaveur que l'archevêque de Vienne, le vénérable Ponpignan, vieillard chargé d'années & des vertus, éprouva dans son corps lorsque, le premier, rendant hommage aux droits du Peuple, il passa dans la chambre des communes, aura toujours lieu contre tous les individus qui, en matière politique, auront la franchise de faire plier l'esprit de corps à l'esprit social.

dans sa source, toujours bienfaisante & pure, repoussant tout alliage de passions humaines; étrangère à toutes les intrigues & factions politiques, indifférente pour toutes les formes de gouvernement, donnant à toutes une sanction divine, unissant tous les hommes comme une famille de frères par une chaîne d'amour & de paix en les ramenant sans cesse au principe immuable de l'ordre & de la justice, à l'Éternel, source commune de leur existence & de leur bonheur.

A CAHORS,
Chez RICHARD, père et fils, Imprimeurs du Département.

www.ingramcontent.com/pod-product-compliance
Lightning Source LLC
Chambersburg PA
CBHW070530050426
42451CB00013B/2948